**Faits cocasses
Charades**

Conception et illustration de la couverture :
Dominique Pelletier

Conception graphique :
Monique Fauteux

Illustrations de l'intérieur :
Steve Attoe

Merci à Caroline Frappier pour sa contribution

100 blagues! Et plus…
N° 8
© Éditions Scholastic, 2005
Tous droits réservés
Dépôt légal : 2e trimestre 2005

ISBN : 0-439-94865-7
Imprimé au Canada

Éditions Scholastic
175 Hillmount Road
Markham (Ontario)
L6C 1Z7
www.scholastic.ca/editions

QU'EST-CE QU'UN BLEUET?

RÉPONSE : C'EST UN PETIT POIS QUI RETIENT SON SOUFFLE.

Les Canadiens dépensent, chaque année, environ 2,9 milliards de dollars pour leurs animaux domestiques.

Mon premier sert à puiser de l'eau dans un puits.

Mon second est à moi.

Mon tout est un poisson à chair rose.

• •

- Je pense qu'il est vrai que la télé peut entraîner la violence, dit Étienne.

- Qu'est-ce qui te fait dire ça? lui demande son copain.

- Eh bien, chaque fois que je l'allume, mon père me crie après!

Avertissement sur un paquet d'arachides : « Attention! Peut contenir des traces d'arachides. »

> COMMENT APPELLE-T-ON UN COQ QUI A PEUR DE L'EAU?
>
> RÉPONSE : UNE POULE MOUILLÉE

- Vous n'avez pas vu la pancarte? crie un homme à un autre homme qui est dans l'eau. Il est interdit de nager ici!

- Mais je ne nage pas, je me noie!

- Ah, alors, je m'excuse, répond le premier, avant de continuer son chemin.

Un animal domestique sur vingt est allergique à son maître.

> COMMENT APPELLE-T-ON LES ASCENSEURS AU JAPON?
>
> RÉPONSE : EN APPUYANT SUR LE BOUTON.

Mon premier est la planète où habitent les Terriens.

Mon deuxième se mange en Chine.

Mon troisième est la couleur du ciel en été.

Mon tout est synonyme d'effroyable.

- Il y a quelques jours, je me suis retrouvé seul, sans fusil, devant un lion...

- Qu'est-ce que tu as fait?

- Que pouvais-je faire? D'abord, je l'ai regardé droit dans les yeux, mais il s'est lentement approché. Je me suis écarté, mais il s'est encore rapproché... Je devais rapidement prendre une décision.

- Tu t'es enfui?

- Non, je suis passé à une autre cage...

À la piscine, un éléphant se baigne. Une souris de mauvais poil, vêtue d'une serviette, arrive et lui ordonne :

- Sors de l'eau!

L'éléphant, surpris, sort de la piscine, et la souris soupire :

- C'est bon, tu peux y retourner, ce n'est pas toi qui m'a piqué mon maillot de bain!

Les anguilles ne sont pas des serpents ;
ce sont de longs poissons effilés.

Deux fous discutent.

- Tu crois que la Lune est habitée?

- Bien sûr, ils allument la lumière tous les soirs.

....

Selon une étude, environ 800 personnes sont blessées chaque semaine aux États-Unis à cause de leurs bijoux.

> POURQUOI LES SOURIS N'AIMENT-ELLES PAS JOUER AUX DEVINETTES ?
>
> RÉPONSE : PARCE QU'ELLES ONT PEUR DE DONNER LEUR LANGUE AU CHAT.

Mon premier est la onzième lettre de l'alphabet.

Mon second est le contraire de oui.

Mon tout tire des boulets.

Les adolescents ont plus de cellules cérébrales que les adultes...

Mais le cerveau des adultes travaille plus vite que celui des adolescents.

Deux garçons parlent :
- J'ai vu des voleurs!
- Combien?
- Sept.
- Tu dis?
- Je dis : sept.
- Dix-sept?
- Non, sans dix!
- Cent dix-sept? Mais c'est toute une bande!

POURQUOI LES POÈTES N'AIMENT-ILS PAS LA PÊCHE?

RÉPONSE : PARCE QU'ILS AIMENT LES VERS.

> QU'EST-CE QUI POUSSE DANS UN CHANDAIL?
> RÉPONSE : DE L'AIL!

Mon premier est un outil.

Mon deuxième n'est ni te, ni se.

Mon troisième est entre le quart et la demie.

Mon tout est un endroit que l'on préfère visiter lorsqu'il fait jour.

J'aime beaucoup mamie et, un jour, j'ai demandé à papa :

- Quand je serai grand, est-ce que je pourrai épouser mamie ?

Mon papa m'a dit :

- Non, tu ne peux pas épouser mamie.

- Et pourquoi ? lui ai-je demandé.

- Parce que mamie c'est ma maman et que tu ne peux pas épouser ma mère.

- Ah non ? Pourquoi t'es-tu marié avec la mienne, alors ?...

Marcel se rend chez le boulanger et lui demande s'il a des tartes à la carotte. Le boulanger lui répond que non. Le lendemain, Marcel retourne chez le boulanger et demande encore s'il a des tartes à la carotte. Le boulanger lui dit :

- Non, Marcel, je n'ai pas de tartes à la carotte.

Tous les jours de la semaine, Marcel repose la même question au boulanger. Le boulanger, se doutant que Marcel va revenir le lendemain, lui fait une tarte à la carotte. Le lendemain, comme prévu, Marcel va chez le boulanger et lui demande s'il a des tartes à la carotte. Celui-ci lui répond :

- Oui, Marcel, aujourd'hui j'en ai.

Marcel lui répond alors :

- Ah! Ce n'est pas bon, hein?

QU'EST-CE QU'UN RAT SANS QUEUE?

RÉPONSE : UN RACCOURCI.

Les blattes
(appelées populairement « **coquerelles** »)
peuvent vivre jusqu'à une semaine après
avoir perdu leur tête.

Un aigle rencontre un homard :

- Salut, vieux, dit l'aigle. Je te serre la pince?

- D'accord, répond le homard. Alors moi, je te pince la serre!

••••••••••••••••••••••••••••••••

Sur le quai de la gare, juste avant le départ du train, une mère dit à son fils :

- Au revoir, bonnes vacances et n'oublie pas de m'écrire, dès ton arrivée. Sans faute!

Et son fils lui répond :

- Oh moi, tu sais, l'orthographe...

Jeannot revient de l'école, désespéré.

- Maman, à l'école, ils n'arrêtent pas de dire que j'ai de grandes oreilles.

- Mais non, répond sa mère, tu sais bien que ce n'est pas vrai, mon lapin.

••••••••••••••••••••••••••••••

Un jardinier soigne ses fraises quand un petit garçon arrive et dit :

- Que mettez-vous sur les fraises ?

- De l'insecticide, répond le jardinier.

- Ah bon ? Moi, je les préfère avec du sucre.

En France, un homme soupçonné de vol d'animaux s'est fait prendre avec un boa constrictor de 0,45 mètre dans son pantalon.

Un artiste parle avec un directeur de cirque :

- Je monte sur un plongeoir de 35 mètres, et je plonge dans une bouteille d'eau.

- Ce n'est pas possible. Vous avez un truc ?

- Bien sûr, je mets un entonnoir.

• •

Mon premier est la septième lettre de l'aphabet.

Mon second est fabriqué par les oiseaux.

Mon tout est un être magique.

Sept enfants sur dix croient qu'on ne doit jamais manger plus d'un bonbon à la fois.

Deux grains de sable se promènent dans le désert. L'un dit à l'autre :
- Ho! Ne te retourne pas, on est suivis!

Les chats et les chiens peuvent être droitiers ou gauchers.

Louis a fait une bêtise et l'enseignant pointe sa règle vers lui en disant :
- Il y a un imbécile au bout de cette règle.
Alors, Louis répond :
- À quel bout, M'sieur ?

• •

Deux prisonniers bavardent :
- Pourquoi es-tu ici, toi ?
- J'ai fait des chèques sans provision. Et toi ?
- J'ai fait des provisions sans chèque !

Deux pneus discutent :
- Alors ça roule?
- Non, je suis crevé!

● ●

Mon premier a dévoré le Petit Chaperon rouge.

Mon deuxième se réalise parfois.

Mon troisième est le contraire de « tard ».

Mon tout est le petit de mon premier.

- Maxime... fais-moi une phrase contenant un complément d'objet direct.

- Euh... je pense que vous êtes le meillleur prof de ce collège!

- Merci, mais quel est l'objet de cette phrase?

- D'obtenir une bonne note!

La plupart des gens mettent leur chaussette gauche d'abord.
Vérifiez!

Mais la plupart des gens mettent leur chaussure droite d'abord.
Vérifiez!

Il y a longtemps, les bretzels étaient assez gros pour qu'on les porte autour du cou.

- Moi, je gagne ma vie grâce aux erreurs des autres, dit un voisin.

- Ah bon, vous êtes avocat?

- Non, je fabrique des gommes à effacer!

••••••••••••••••••••••••••••••

Mon premier enveloppe le pois.

Mon deuxième est un pronom familier.

Mon troisième est le cri de la vache.

Mon tout se porte à l'Halloween.

- Grand-papa, est-ce vrai que les baleines mangent des sardines ?

- Oui, répond le grand-père.

- Mais comment font-elles pour ouvrir les boîtes ?

• •

Mon premier miaule.

Mon deuxième se fait chasser par mon premier.

Mon troisième vient avant trois.

Tu lis mon tout en ce moment.

- Joséphine, où est mort Napoléon ?
- À la page 38 du livre d'histoire.

••••••••••••••••••••••••••••••••••

Au Moyen Âge, un condamné à mort dit à son bourreau, avant d'être décapité :

- Vous n'avez pas honte de faire un pareil métier ?

- Que voulez-vous, lui répond le bourreau, il faut bien que tout le monde vive...

Mon premier imite le beuglement de la vache.

Mon deuxième n'est pas court.

Mon troisième est synonyme de verso.

Mon tout est un fruit que l'on mange surtout en été.

Aujourd'hui, la tante de Julien l'emmène au zoo. Il s'arrête devant la cage d'un singe et dit :

- Hé, regarde, ma tante, il te ressemble!

- Julien, ce n'est pas gentil! réplique sa tante.

- Oh, ne t'inquiète pas! répond Julien, il n'entend rien!

Une chauve-souris couverte de sang revient à sa grotte en zigzaguant et se pose pour dormir. Les autres chauves-souris, réveillées par l'odeur, la harcèlent pour savoir où elle a trouvé tant de sang.

- Oh non, laissez-moi dormir! gémit la chauve-souris ensanglantée.

- Non! hurlent les autres chauves-souris, dis-nous où tu as trouvé tout ce sang!

La chauve-souris cède et dit aux autres de la suivre. Après 10 minutes de vol, elles arrivent à l'orée d'une forêt. La chauve-souris dit :

- On y est! Vous voyez cet arbre là-bas?

- Oui! Oui! piaillent les autres, l'eau à la bouche.

- Eh ben moi, je ne l'avais pas vu...

Mon premier est synonyme de « transpire ».

Mon deuxième est le masculin de mère.

On transporte de l'eau dans mon troisième.

Mon quatrième est construit par les oiseaux.

Mon cinquième remue lorsque le chien est content.

Mon tout qualifie un avion qui va très vite.

Deux joueurs discutent :

- Il faut que je te dise, dit le premier, j'arrête de jouer! Plus de casino, plus de poker...

- Ah, bravo! dit l'autre, mais je te connais! Je suis sûr que tu ne tiendras pas le coup!

- Ah vraiment? répond le premier, combien veux-tu parier?

Les chevaux peuvent dormir debout.

- Papa, je ne comprends pas, dit Louise : pour avoir de l'argent devant soi, il faut en mettre de côté?

••••••••••••••••••••••••••••••

Gare à vous, les chats! Il y a plus de 4 millions de chiens au Canada.

- Dis, grand-papa, est-ce que tu grandis encore? demande Loulou.
- Non, pourquoi?
- Parce que le haut de ton crâne dépasse tes cheveux!

••••••••••••••••••••••••••••••

Mon premier est le prénom d'un célèbre gangster.

Mon deuxième est une note de la gamme.

Mon troisième vient après « a ».

Mon quatrième précède « tac ».

Mon tout est l'ordre utilisé pour classer les lettres.

En classe, Louis demande à son voisin :
- Pourquoi écris-tu « hirondelle » avec deux « l »?
- Parce que s'il n'y avait qu'un « l », elle ne pourrait pas voler!

• •

Florence regarde les foulards en soie :
- Combien coûte celui-là?
- 40 $! lui répond la vendeuse.
- Quoi? Mais c'est le prix d'un pantalon!
- Oui, mais avouez que vous auriez l'air ridicule avec un pantalon autour du cou!

La mère de Thomas demande au professeur :

- Pourquoi mon fils a-t-il toujours zéro ?

Le professeur répond :

- Mais parce qu'il n'y a pas de notes plus basses !

Mon premier est un prénom féminin.

Mon deuxième est un mélange de bleu et de jaune.

Durant l'hiver, on peut faire pousser des végétaux dans mon troisième.

Mon tout est une bonne occasion de faire la fête.

En moyenne, le coeur humain bat 103 680 fois par jour.

Le père de Julie est furieux :

- Julie! Ne traite pas ton frère d'idiot! Dis-lui que tu regrettes et plus vite que ça!

- Rémi, dit Julie en baissant la tête, je regrette que tu sois un idiot.

••••••••••••••••••••••••••••••••••••

Le professeur d'histoire donne un cours sur les hommes des cavernes :

- Savez-vous que les premières lettres ont été écrites sur des roches?

- Oh! s'écrie Olivier, les facteurs devaient être fatigués à la fin de leur journée!

Un inventeur américain a fait breveter le cornet de crème glacée motorisé. En allumant un interrupteur, votre dessert peut tourner, vibrer et bouger.

Le professeur interroge Luca :

- À quelle température l'eau bout-elle?

- Eh bien, euh, à 90°?

- Non, Louis! Elle bout à 100°!

- Ah oui, monsieur! En effet, ce n'est pas l'eau, mais l'angle droit qui bout à 90°!

・・・・・・・・・・・・・・・・・・・・・・・・・・・・

Les canards adorent se baigner dans mon premier.

Mon deuxième signifie rivière en espagnol.

Mon troisième n'est pas sale.

Mon tout est un jouet populaire.

> QUELLE EST LA DIFFÉRENCE ENTRE TINTIN ET MILOU?
>
> RÉPONSE : MILOU N'A PAS DE CHIEN, LUI.

Mon premier est un outil qui sert à couper.

Mon deuxième est au milieu du visage.

On attache la voile à mon troisième.

On dit de mon tout qu'il est le septième art.

Un orchestre de 12 éléphants donne un concert dans une réserve faunique en Thaïlande.

L'enseignante choisit des élèves au hasard pour leur poser des questions simples :

- David, quel son produit une vache?
- **Meuuuuuh!**
- Bien! Annie, quel son fait un chat?
- **Miaouuuu!**
- Très bien! Samuel, quel son produit un chien?
- **Ouaf!**
- C'est beau! Jade, quel son produit une souris?
- **Clic, clic!**

L'enseignante demande à Nicolas :

- Pourquoi as-tu écrit : « Il alla dans le shampooing. » Ça n'a pas de sens !

- Mais c'est ce que vous avez dit !

- Non, j'ai dicté : « Il alla dans le champ. Point. »

Paul demande au professeur :

- Peut-on être puni pour quelque chose que l'on n'a pas fait?

- Bien sûr que non! répond l'enseignant.

- Ouf! dit Paul, je n'ai pas fait mon devoir de math.

• •

Les parents sont bizarres. Au début, ils veulent que l'on marche et que l'on parle. Plus tard, ils veulent que l'on s'assoit et que l'on se taise.

Les membres de l'Association mondiale de style libre canin aiment danser avec des chiens.

Les écailles de poisson sont ce qui donne à la plupart des rouges à lèvres leur aspect lustré.

Mon premier est un oiseau bavard.

Mon deuxième est la dernière lettre de l'alphabet si on le récite à l'envers.

Mon troisième est le terme anglais pour « non ».

Mon quatrième est mon deuxième.

Mon cinquième fait partie de la pomme.

Mon tout est un instrument de musique.

Deux milliards de personnes à travers le monde vivent dans des foyers sans électricité.

Un autobus plein à craquer descend une pente à toute vitesse. Un homme court derrière pour le rattraper. Un passager l'aperçoit, et lui crie par la fenêtre :

- Mon pauvre monsieur, vous n'y arriverez jamais! Attendez le prochain!

- Je ne peux pas, répond-il, essoufflé, c'est moi le chauffeur!

....

- Quel est le jour de ton anniversaire?
- Le 15 juillet.
- Quelle année?
- Chaque année.

Mon premier entre dans les poumons.

J'enfile toujours mon deuxième avant de mettre mon soulier.

Mon troisième ne sent pas bon.

Mon quatrième est le son qui imite le sifflement du serpent.

Mon tout est une plante à laquelle il vaut mieux ne pas se frotter.

> QUE FAUT-IL FAIRE LORSQU'IL Y A 50 ZOMBIS AUTOUR DE VOTRE MAISON?
>
> RÉPONSE : ESPÉRER QUE C'EST L'HALLOWEEN

Alex rentre de l'école.
- Maman, j'ai appris à écrire.
- Et qu'as-tu écris Alex?
- Je ne sais pas, je n'ai pas encore appris à lire.

Dans la Grèce antique, le poète Eschyle est mort lorsqu'un aigle qui volait au-dessus de lui a laissé tomber une tortue sur sa tête.

> QU'EST-CE QUI EST VERT ET TRÈS DANGEREUX?
>
> RÉPONSE : UN PETIT POIS AVEC UNE MITRAILLETTE.

Mon premier peut être allégorique.

On dort dans mon deuxième.

Mon troisième ronronne.

Mon quatrième est le contraire de vide.

Mon tout est un acteur célèbre.

Un bébé moustique dit à sa mère :
- Maman, c'est bizarre : tout le monde m'applaudit...

••••••••••••••••••••••••••••••••••••••

Un client cherche un porte-monnaie. Il demande :
- J'aimerais avoir un porte-monnaie imperméable s.v.p.
- Pourquoi imperméable ? demande le vendeur.
- Je veux y mettre de l'argent liquide !

Un fou prend sa douche avec un parapluie.

- Pourquoi faites-vous ça? demande l'infirmière.

- C'est simple, j'ai oublié ma serviette.

••••••••••••••••••••••••••••••••••••

Un client entre dans un magasin.

- Je voudrais un livre.

- De quel auteur? demande le marchand.

- Vingt centimètres environ, réplique le client.

Avertissement sur un emballage de fer à repasser :
« Ne pas repasser les vêtements sur son corps. »

Un fou téléphone à un autre fou :
- Allô, je suis bien au 555-6453 ?
- Ah non monsieur, ici il n'y a pas de téléphone.

• •

Mon premier sert à lier deux mots.

L'araignée tisse mon deuxième.

Mon troisième est un nombre qui fait la paire.

Mon quatrième est le féminin de père.

Mon tout vit au fond de l'océan.

Un homme dit à un fermier :

- Puis-je traverser votre champ? Sinon, je vais manquer le train de 7 heures...

- Oui, bien sûr, et si vous rencontrez le taureau, vous pourrez peut-être attraper celui de 6 heures.

• •

Un gars construit un engin volant pour aller dans l'espace. Son voisin va le voir et lui demande ce qu'il fait.

- Je vais aller sur le Soleil.

- Mais tu es fou, tu vas te brûler!

- Ah! ah! ah! Encore un qui pense que je vais y aller pendant la journée!

Il y a environ 300 ans, certaines femmes soucieuses de leur beauté portaient de faux sourcils faits de poils de souris.

Un thon téléphone à une sardine :
- Allô?
- Non, répond la sardine, à l'huile!

••••••••••••••••••••••••••••••••

Un homme entre à la maison et trouve sa femme découragée.
- Qui a-t-il? lui demande-t-il.
- J'ai tenté de faire ce casse-tête de tigre, mais j'en suis incapable!
- Allons, allons, ne t'en fais pas, et remets les céréales dans la boîte.

En 1492, Henri VI devient roi d'Angleterre et plus tard, de France. Il avait huit mois.

Un homme est condamné à mort. On l'installe sous la guillotine et il hurle :

- Je ne suis pas coupable! Je ne suis pas coupable!

Le bourreau s'apprête à faire tomber la lame et le condamné s'exclame à nouveau :

- Je ne suis pas coupable!

La lame atteint sa cible et rebondit aussitôt. Le bourreau, surpris dit :

- Ça ne m'était jamais arrivé.

Il fait redescendre la lame et la même chose se produit. La tête résiste.

Alors, le condamné s'écrie :

- Je vous avais bien dit que je n'étais pas coupable!

C'est un père qui demande à sa fille :

- Qu'est-ce qui t'arrive ? Habituellement, tu parles quatre heures au téléphone et là, tu n'as parlé qu'une demi-heure.

- Oh! dit la fille, c'était un mauvais numéro.

••••••••••••••••••••••••••••••••

Un monsieur charitable dit au mendiant qui lui tend son chapeau :

- Sourd-muet... Sourd-muet... Qu'est-ce qui me prouve que vous êtes sourd-muet ?

- Ça alors, dit le mendiant en montrant sa pancarte, vous ne savez pas lire ?

Un petit garçon entre au cirque et rencontre un ami de ses parents.

- Tu es chanceux, tu vas voir le cirque

- Ben oui, j'ai le billet de mon frère.

- Et où est-il, ton frère? Il est malade?

- Non, il cherche son billet.

••••••••••••••••••••••••••••••••

Un petit garçon qui a le don de toujours exagérer un peu s'approche de sa mère et lui dit :

- Maman, je viens de voir une souris grosse comme un hippopotame!

- Écoute, Tom, je t'ai déjà dit des **MILLIARDS** de fois qu'il ne faut jamais exagérer!

Les hippocampes sont des poissons, eux aussi.

Une brosse se réveille de mauvaise humeur :

- Ne me touchez pas, je suis de mauvais poil !

- Et moi, dit le robinet, j'ai le nez qui coule !

- De quoi vous plaignez-vous ? dit le savon. Moi, chaque jour, je maigris davantage !

••••••••••••••••••••••••••••••••

Un vacancier raconte à son ami :

- Ma voiture a heurté un dromadaire dans le désert.

- Il n'y a pas eu trop de dégâts ?

- Non, ma voiture n'a rien et le dromadaire s'en est tiré avec une bosse !

Une belle vache vient de gagner le deuxième prix de beauté à un concours agricole.
- Vous êtes contente ? lui demande une journaliste.
- Oui, mais j'espère faire **MEUH** la prochaine fois !

• •

Une dame dit à son chauffeur de taxi :
- Chauffeur, soyez prudent ! À chaque virage, j'ai peur de tomber dans le ravin !
- Madame n'a qu'à faire comme moi... qu'elle ferme les yeux !

Un monsieur entre chez un antiquaire et lui demande :
- Quoi de neuf ?

....

Mon premier est le verbe aller conjugué à la troisième personne du singulier.

Mon deuxième vient de la vache.

Mon troisième est la somme de 1 et 1.

Mon quatrième est au centre de la pomme.

Mon tout est une figure du jeu de cartes

Une dame passe devant la maison de sa voisine et voit une pancarte :
« ATTENTION AU CHIEN ».
Elle sonne chez la voisine et dit :

- Qu'est-ce que tu racontes? Ton chien est tout petit.

- Ben justement! répond-elle. La pancarte, c'est pour ne pas que les gens lui marchent dessus!

••••••••••••••••••••••••••••••

- Chef, chef! Il y a eu un vol cette nuit au supermarché! On a volé 25 bouteilles d'aspirine et 15 kilos de viande rouge!

- Bien, et vous avez des soupçons?

- Ben, on recherche un lion qui a la migraine!

- Fabien, dit l'enseignant, tes devoirs s'améliorent beaucoup ce mois-ci.

- Je sais, répond Fabien. Mon père a décidé d'arrêter de m'aider.

••••••••••••••••••••••••••••••••••

L'institutrice demande aux élèves :

- Quel est le meilleur moment pour cueillir les cerises ?

Julien lève le doigt et répond :

- Quand le chien de la voisine est attaché, madame.

Le professeur rend les copies :

- David, ta rédaction sur les chiens ressemble mot pour mot à celle de ta sœur Maxime.

- C'est normal, répond-il, nous avons le même chien.

••••••••••••••••••••••••••••••••••

Mon premier est un mot que les enfants utilisent pour désigner un œuf.

Mon deuxième est un chiffre qui représente deux dizaines et zéro unité.

Mon tout est un mets délicieux.

Lors d'une nuit d'été, alors qu'un violent orage fait rage, une maman amène son petit garçon au lit. Elle s'apprête à éteindre la lumière quand le petit garçon lui demande d'une voix angoissée :

- Maman, je peux dormir dans ton lit?

La maman sourit, lui donne un baiser et répond :

- Non, mon chéri, je dois dormir avec ton père.

Il y a un long silence, puis le petit garçon dit :

- **Pffff**... quel gros bébé!

La tante de Louis lui dit :

- Tu n'es pas trop triste que je parte demain ?

- Oh oui, ma tante, j'aurais préféré que tu partes aujourd'hui !

••••••••••••••••••••••••••••••••

Francis entre dans une boucherie :

- Bonjour, je voudrais du jambon.

- Combien de tranches ?

- Je vous arrêterai.

Zzzz ! Le boucher découpe des tranches pendant cinq minutes, et à la soixantième, Francis dit :

- Arrêtez ! C'est celle-là que je veux.

Trois enfants sur quatre disent qu'on doit d'abord manger les oreilles d'un lapin en chocolat.

POURQUOI ROBIN DES BOIS NE VOLE-T-IL QUE LES RICHES ?

RÉPONSE : PARCE QUE LES PAUVRES N'ONT PAS D'ARGENT !

POURQUOI CERTAINES VOITURES DE POLICE ONT-ELLES UNE BAIGNOIRE REMPLIE D'EAU SUR LE TOIT ?

RÉPONSE : C'EST POUR METTRE LA SIRÈNE !

Un gars se promène avec, à coté de lui, un très beau chien. Il croise un autre gars qui lui demande :

- Il est gentil votre chien?

- Oui, répond le premier.

Alors le deuxième gars se penche pour caresser le chien. Le chien lui mord aussitôt la main.

- Mais vous m'aviez dit qu'il était gentil, votre chien! s'écrie l'homme blessé.

- Le mien, oui... Mais celui-là, je ne le connais pas...

Un soir, au camp, un garçon de la ville dit au reste du groupe :

- On devrait rentrer avant que les maringouins arrivent.

Plus tard dans la nuit, le garçon se réveille, regarde à l'extérieur de la tente et voit des douzaines de mouches à feu. Il réveille les autres et dit :

- On doit se cacher... Ils sont venus avec des lampes de poche !

Un petit garçon demande à sa maman :

- Dis, d'où je tiens mon intelligence ?
- Sans doute de ton père, parce que moi, j'ai encore la mienne !

• •

Mon premier est une note de musique.

Mon deuxième est le petit de la vache.

Mon troisième pousse dans l'eau.

Mon tout est synonyme de préféré.

POURQUOI CE TYPE SE TIENT-IL COURBÉ?

RÉPONSE : PARCE QU'IL PORTE UNE CRAVATE À POIS. (POIDS)

L'ours polaire est le plus gros des carnivores.

Un petit garçon dit à une petite fille :

– Tu m'épouseras quand on sera plus vieux ?

– Je ne peux pas, répond la petite fille, car chez nous, on ne se marie que dans la famille. Ma mère a épousé mon père, ma grand-mère a épousé mon grand-père et ma sœur a épousé mon beau-frère !

••••••••••••••••••••••••••••••••••••••

– Maman, comment fait-on pour chercher un mot dans le dictionnaire ?
– C'est simple. Par exemple, pour marmelade tu regardes sous « M ».

– Et pour épinards je regarde sous « je n'aime pas » ?

Nos narines se relaient dans leur travail : l'une des deux respire mieux que l'autre pendant quelques heures.

Une dame ver de terre rencontre une de ses amies.

- Qu'est-ce que tu as? Tu en fais une tête! Où est ton mari?

Alors, la dame ver de terre dit tristement :

- Il est à la pêche...

••••••••••••••••••••••••••••••••

Dans un bar, un client demande :

- Garçon, un Titanic, s'il vous plaît!

- Avec ou sans glaçons? répond le garçon.

On prétend qu'un entraîneur de natation australien encourageait ses élèves à nager plus vite en mettant un crocodile dans la piscine.

La femelle du merle américain travaille dur à la chasse aux vers de terre. Ses petits peuvent en manger jusqu'à quatre mètres de long par jour.

Une fée va chez le boulanger.
- Une baguette, s'il vous plaît.
- Bien cuite?
- Non, magique.

....

- Docteur, je souffre d'un dédoublement de la personnalité.
- Calmez-vous et répétez-moi ça lentement, mais pas tous les deux en même temps!

Un éléphant enrhumé rencontre une girafe. La girafe se moque de lui et l'éléphant répond :
- Ça me fait barrir!!!

••••••••••••••••••••••••••••

Mon premier est le nom d'un célèbre boxeur.

Mon deuxième ne dit pas la vérité.

Mon troisième se fait parfois appeler « la planète bleue ».

Mon tout est relatif à la nutrition.

Trois accidents de la route sur 1 000 impliquent une collision avec un orignal.

N'essayez pas de dépasser un ours polaire. Il peut atteindre une vitesse de 40 km/h.

> POURQUOI LES ZÈBRES AIMENT-ILS LES VIEUX FILMS?
>
> RÉPONSE : PARCE QU'ILS SONT EN NOIR ET BLANC!

- Pourquoi tes parents mettent-ils sur leur table de nuit un verre plein d'eau et un verre vide?

- Parce que, quand ils se lèvent, des fois, ils ont soif, des fois, ils n'ont pas soif.

POURQUOI LES ARAIGNÉES TISSENT-ELLES DES TOILES?

RÉPONSE : PARCE QU'ELLES NE SAVENT PAS TRICOTER.

Un homme dit à un de ses amis :
- Dans un avion, hier, j'étais assis à côté d'une dame et de son bébé. L'hôtesse est venue et a dit à la dame : « Madame, votre bébé est mouillé, je vais vous le changer. » Quand elle l'a ramené, je n'ai rien dit, mais j'ai bien vu que c'était le même bébé!

En 2000, 263 Canadiens ont déclaré avoir vu des ovnis, dont 102 en Colombie-Britannique.

QUE DIT L'ABEILLE À LA FLEUR?

RÉPONSE : SALUT BEAUTÉ! À QUELLE HEURE OUVRES-TU?

- Saviez-vous que chaque année, les chiens mordent plus de 450 000 Canadiens?

(Malheureusement, il n'y a aucune stastitique sur le nombre de Canadiens qui mordent les chiens!)

Les papillons goûtent avec leurs pattes.

Une punaise, insecte qui peut s'incruster dans un matelas, peut survivre jusqu'à 12 mois sans aucune nourriture.

Pour une raison inconnue, il n'y a plus de vers de terre dans certaines régions de la Saskatchewan.

Dans un asile, un fou hurle :

- Lâchez-moi, je ne suis pas fou, je suis l'envoyé de Dieu!

Un autre fou répond :

- Ne l'écoutez pas, je n'ai envoyé personne!

••••••••••••••••••••••••••••••••••••

Un fou rit tout seul dans la rue. Un passant lui demande :

- Pourquoi riez-vous?

- Parce que je me raconte des blagues, et celle-là, je ne la connaissais pas!

Pour seulement 30 millions de dollars, vous pouvez acheter votre sous-marin personnel tout équipé, avec tout le confort de votre foyer.

Solutions des charades

Page 4	....	Saumon
Page 8	....	Terrible
Page 13	....	Canon
Page 17	....	Cimetière
Page 24	....	Génie
Page 28	....	Louveteau
Page 33	....	Costume
Page 34	....	Charade
Page 36	....	Melon d'eau
Page 39	....	Supersonique
Page 43	....	Alphabétique
Page 45	....	Anniversaire
Page 49	....	Marionnette
Page 50	....	Cinéma
Page 57	....	Piano à queue
Page 60	....	Herbe à puces
Page 63	....	Charlie Chaplin
Page 67	....	Étoile de mer
Page 78	....	Valet de cœur
Page 81	....	Coq au vin
Page 88	....	Favori
Page 96	....	Alimentaire